We are enjoying home camping.

家キャンプはじめました。

まずは
手軽 快適
安全 な
アウトドア体験
から!

尚桜子
NAOKO

A&F

Home Camping

部屋のなかでアウトドア！

テントを開いて
快適な空間をつくれば
非日常のでき上がり！

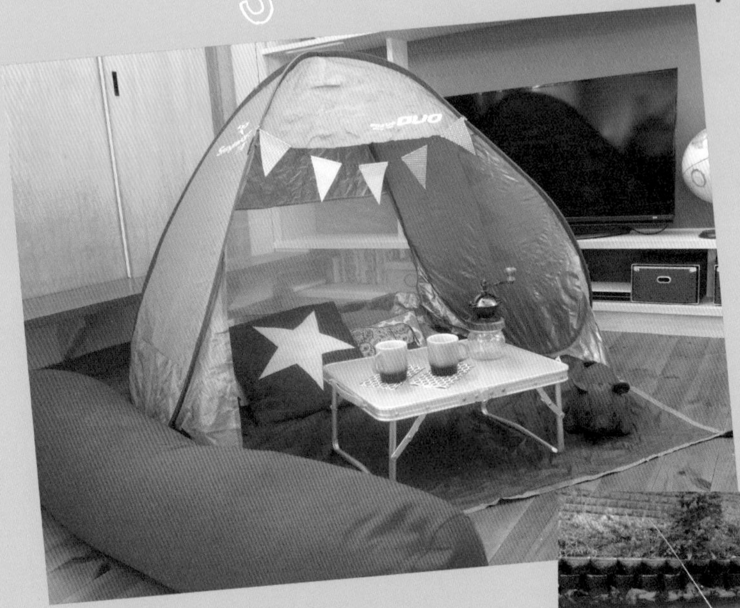

ポップアップテントは家でも外でも大活躍（P.16）

近所の川でハゼ釣り

ハゼのから揚げはアウトドアの味（P.22）

手軽で楽しいポップコーンづくり（P.24）

Garden Camping

自宅の敷地でゆるキャンプ！

庭に本気テントを張ってみたら
思った以上にキャンプ気分！

思い切って庭に張ったテント（P.54）

テントのなかでくつろぐ子どもたち

道路から見たテント

Outdoor Food

残り物の処理から新作の挑戦まで

楽をするもよし、こだわりのレシピに挑戦するもよし。
その日の気分でメニューもいろいろ！

定番BBQは
コストコのお肉で

ビールのおつまみ燻製各種

ダッチオーブンで肉も野菜もおいしくロースト

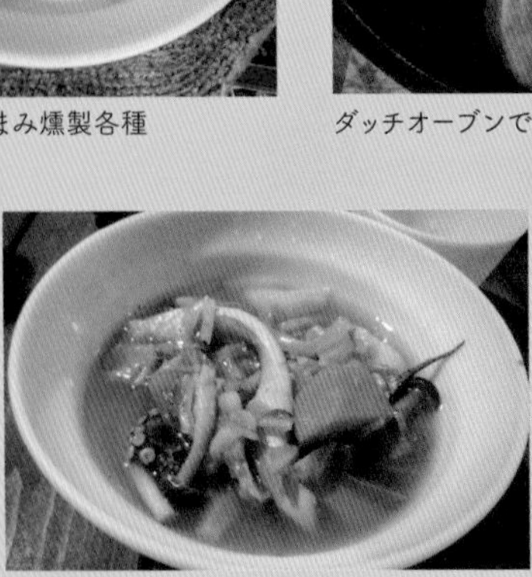

濃厚な魚介のスープ

貝焼きには日本酒が最高!

バジルが香る鶏肉とプチトマトのホイル焼き(P.73)

簡単ラザニアはダッチオーブンで!(P.94)

ジューシーなナスのホイル焼き(P.73)

デザートには甘〜いスモア(P.84)

Family Camping

わが家のキャンプ

無理のないファミリーキャンプが基本。
でも釣りと料理は楽しみたい！

PICAさがみ湖（神奈川県）のトレーラーハウス

ウェルキャンプ西丹沢（神奈川県）は川と釣り堀のあるキャンプ場

夕食はローストチキン！

何度もリピートした乙女森林公園キャンプ場（静岡県）

Car camping

わが家のオートキャンプ

キャンピングカーをレンタルして
4泊5日の東北の旅。
目指せ青森、三内丸山遺跡!(P.81)

広々としたなまはげオートキャンプ場(秋田県)

快適なキャンピングカーの車内

ついに三内丸山遺跡に到着!

地元の鯛を使った鯛飯(P.32)

Tools

時間にゆとりがあるからできること

火起こしに挑戦したり、
新しいギアを試したり。
次のキャンプのためにチャレンジ！

大人もハマる火起こし（P.64）

火打ち石セット（P.61）

使い込んだチムニースターターと
卓上炭火コンロ（P.68）

メタルマッチ（P.67）

欲しかった
レイルロードランプ（P.49）

プラネタリウムを手づくり（P.106）

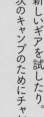

目次

コラム

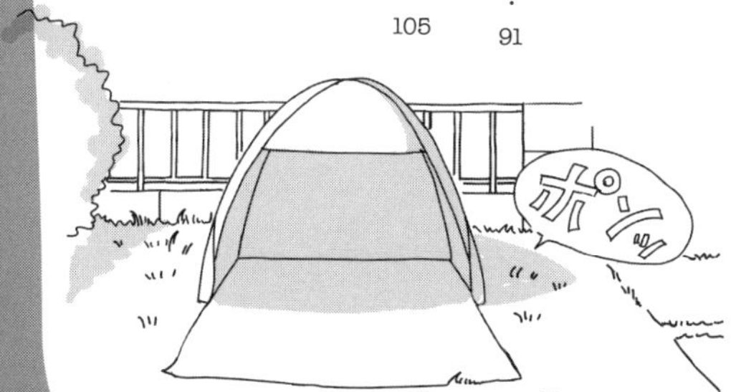

プロローグ
東京オリンピックの延期が決まり
お出かけしにくい日常が続くなか……
だらだらするだけの休日…
な〜んかリフレッシュしたいねぇ……
夫・タカ…40代
妻・ナオコ…40代
楽しみにしていたグランピングもキャンセルしちゃったしねぇ……
だらだらの必需品 Yogibo

グランピング
な〜んにも
しないでいいキャンプ
なんて最高〜!!
プハー
焼けましたー
なんなら料理も
スタッフがやって
くれちゃいます♥
それは中途半端な
キャンパーにとって
最後の楽園!!
いろいろなスタイルの
ファミリーキャンプを
経験してきたけど
コテージ
トレーラーハウス
テント
キャンピングカー
グランピングっていう
セレブキャンプだけは
まだやったこと
なかったもんね
やりたかった
な——……

ねぇママー
ユーチューブで
「心霊」って調べてー
はるくん…小3
タブレット
はるくん
また動画？
なっちゃんも
スマホいじって
ばっかりだし
なっちゃん…中1
………
ふたりとも
今度のお休み
やりたいこと
ない？
ねえ！
グランピングは
キャンセルしたよ〜
買い物！
洋服買って!!
キラン
ゲーム!!
キラン
すでに
やりすぎっ
却下！
ああ……
このままでは
子どもたちが
腐っていくっ

そして
この男はすでに
腐りはじめていた
ふぁ〜あ
一杯
はじめちゃおっか
な――……
これはマズイ
グランピングに
代わる
レジャーを
探さないと
家でもできて
手軽で
リフレッシュに
なる何か……
何か……
そうだ!!
あれだ!!
キラーンッ
わが家で
やったことのない
キャンプスタイルが
実はまだ
残っていた
のです!!

第1話 ゆるピクニックからはじめよう!

ここに浮かない顔の男がひとり……
本気?
いつやる!?
今日!?!?
アホ
え?
ダメ?
いや……
いいんだけどさ
近所の人しか通らないとはいえ道路に面した庭だしな〜……
わが家
ウッドデッキ
庭
家
道路
家
家
家
え———?
でも自分の敷地にテントを張るんだし何か問題ある?
いや
単に恥ずかしい
……
それは……
私も思った

——というわけで
世間体に屈した
大人たちの意向で
じゃ
じゃあまず
家のなかから
はじめよっか
おうちのなかでの
ゆるピクニックから
スタート！
じゃじゃんっ
ちょこっと飾りつけも
リビングに
ポップアップ
テント
アウトドア用の
ミニテーブルに
ありったけの
クッション！
どう？
おー
イエ〜イッ
いいじゃーん

ポップアップテントは潮干狩りや公園遊び屋外イベントなどで大活躍のアイテム
ふくろから出すと
ポップアップシェードとも言います
ポン
サイズは小さいですがお値段も約2000円～とお手頃です！
畳むのにちょっとコツがいるのですが子連れアウトドアには本当に便利ですよね
前回どこで使ったか記憶にないので
ほら手伝って！
いちおう新聞紙を敷いてから広げました
イエ～イ!!
早速中に入る子どもたち
たかがテント！されどテント!!
テントがあるとなぜか非日常感が出るね
不思議～！

考えてみたら子どもって狭い場所が大好きなのです
意味なく押し入れに入るとか
ママ閉めてーー
はいはい
かくれんぼしていたはずが遊び始めて出てこないとか
ここか…
そりゃあテントも大好きに決まってる!!
やられたーー!!
キャッ キャッ
次はオレ!! 次はオレ!!
普段はケンカばっかりだけど
テントマジックで仲よしだね♥
フフッ…
ーーが……
子どもたちはテントのなかでゲームをしてたりするわけで……
本当のピクニックならここまで来てゲームなんてダメ!!
と取り上げるところですが……
まぁいっか
ゆるピクニックだとなぜか許せてしまうのです

Column
コラム

インドアでもアウトドアでも! ポップアップテントは秘密基地

小さく折り畳めて持ち運びも簡単!
収納袋から出すだけでバネ状ワイヤーがポンと広がりすぐ完成!
畳むのにちょっとコツはいりますが……。

PoPUP

なんと最近はダイソーや
3COINSでも見かけるようになり
2000円以下でも
手に入るようになりました!
びっくり!

家のなかだけで使いたい人向け

前面にカーテンなし
荷物置き部分

安くてシンプルなもので十分!
荷物置き部分が短いほうが
邪魔になりません。
背面はメッシュだと小さな子どもがなかで
遊んでいても確認しやすいです。

外でも使いたい人向け

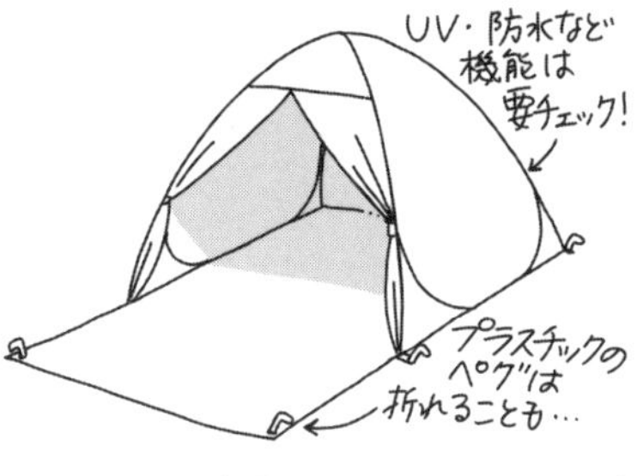
UV・防水など機能は要チェック!
プラスチックのペグは折れることも…

入口部分にカーテンがついているなど
完全に閉められているものがオススメ!
プライバシーが保たれます。
ペグで固定できると風が強くても安心。
荷物置き部分は
長いほうが便利ですよ!

第2話 手抜き上等！ ゆるランチ

男子チームは近くの川へハゼ釣りに
行ってきま〜すっ
いっぱい釣ってきてね———！
その間女子チームは……
さて
洗濯物干してなかった
はぁ〜……
一時的に現実世界へ
2時間後
ママ——!!
ただいま——っ
10匹も釣れたよー!!
すご——い!!
やっとランチタイム!!

これでOK
ゆるピクニックランチ!!
夕食の残り野菜スープにウィンナーを足しただけ
子どもたちがにぎったおにぎり
ハゼのから揚げ
夕食の残りとり肉の煮物
超――小さい
う～ん
腹の足しにはまったくならないけど
このハゼのおかげでアウトドア感がちゃんと出たね
ちまっ
アウトドアの基本は自分で獲った獲物を食べることだからね
はぁ……
フフン
家キャンプだからといって家から一歩も出ないってわけではなく……
ちょっと外に出て遊んでみるのもオススメです
虫捕り
スポーツ
シャボン玉

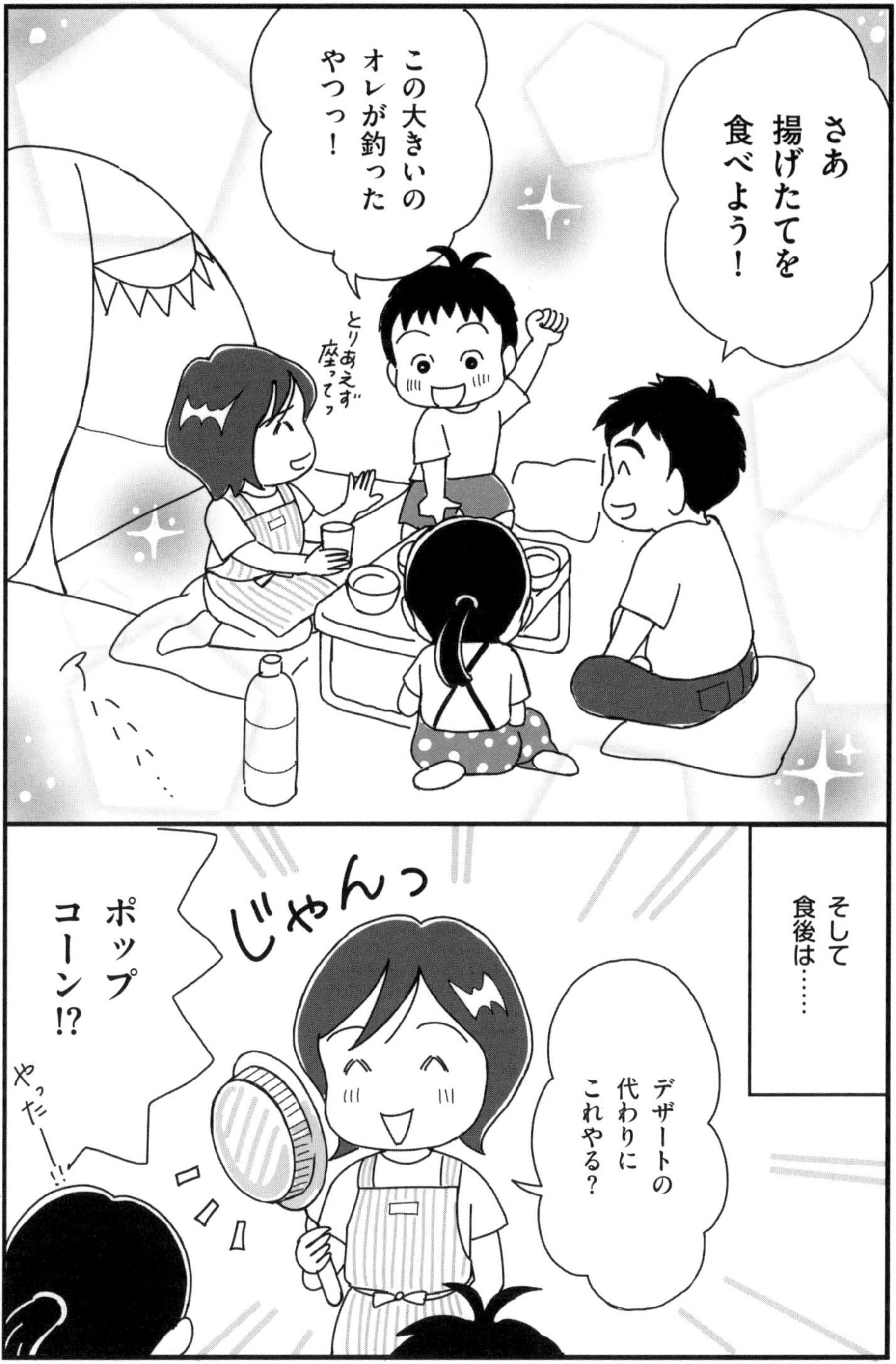
さあ揚げたてを食べよう！
この大きいのオレが釣ったやつっ！
とりあえず座ってっ
そして食後は……
デザートの代わりにこれやる？
じゃんっ
ポップコーン!?
やったー!!

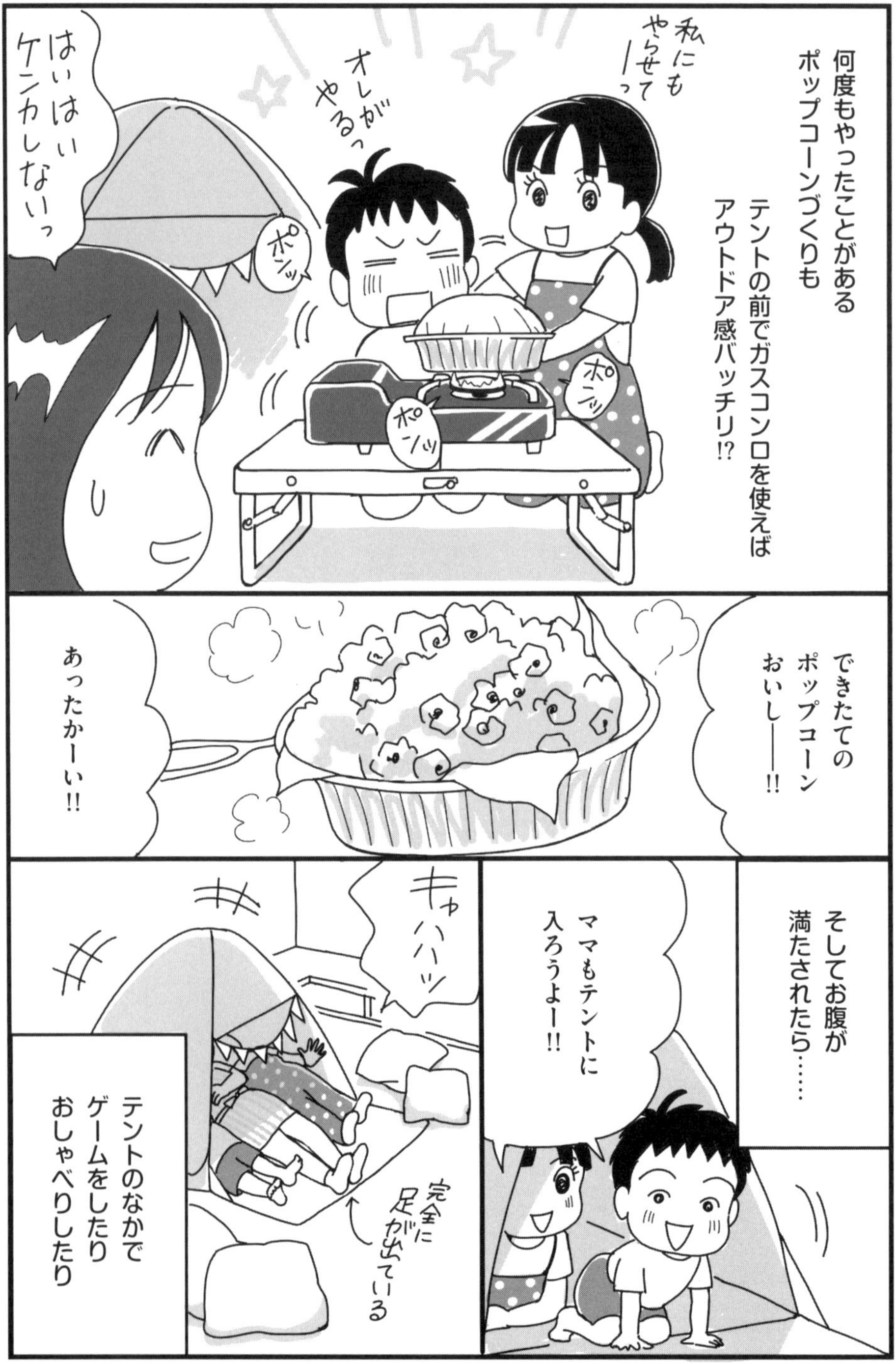
何度もやったことがある
ポップコーンづくりも
テントの前でガスコンロを使えば
アウトドア感バッチリ!?
私にもやらせてーっ
オレがやるっ
はいはい ケンカしないっ
ポンッ
ポンッ
ポンッ
できたての
ポップコーン
おいしー――!!
あったかーい!!
そしてお腹が
満たされたら……
ママもテントに
入ろうよー!!
キャハハッ
完全に足が出ている
テントのなかで
ゲームをしたり
おしゃべりしたり

気がつけば……
すー…
お昼寝タイム
カー…
テントに入れなかった
目が覚めた時には……
ザアアア。。。
ハッ
うわあ!!洗濯物!!

夕方
片づけをしながら思ったのは……
くるっ
おうちアウトドアって
楽《らく》
天気や気温に振り回されることもなく
晴れ？雨？
暑い？寒い？
テントがあってメニューをちょっと工夫するだけで気分も上がる!!
ハゼ
POPCORN
そして何より日常と非日常を状況に応じて行ったり来たり自由自在!!
洗濯物干しとこー
宿題ヤバイ…
うんっまたやろう!!
すっかり味をしめた私たちでした
やるやるーっ
いいよー

Column
コラム

意外とハマる!? 近所でできるゆるハゼ釣り

道具 釣り竿は一番安いのべ竿でOK!

リール不要
1000円以下
おもりはガン玉
針はハゼ針

マハゼとダボハゼ(チチブ)が
よく釣れますがダボハゼは食用には
向きませんのでご注意を!

子どもにはライフジャケットを忘れずに!

釣れたらすぐ
クーラーBOXに
入れましょう!
CooL

エサ

青イソメがベストですが
パワーイソメという疑似餌もあります。
イモムシが苦手な人でも大丈夫!

場所・時期

河川の下流や河口周辺などで
6月～9月ごろがベストシーズン!

食べ方

オススメはから揚げと天ぷら。
ウロコやぬめりを落とし、
頭と内臓を切り取って揚げます。

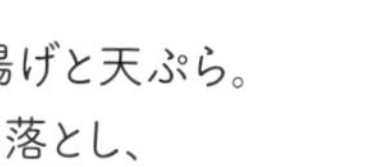

釣具屋さんに
情報がありますよ!

第3話 テントデビューでトラウマに!?
ここでちょっと
わが家の
キャンプ事情を
ご紹介！
私もタカも
BBQやキャンプは
若いころから好きでして
夏休み
GW
MAY 5
8
SW
結婚後も
出産後も
年に何回かは
キャンプに
行っていました
でも本格派ではなく
キャンプ場での
ファミリーキャンプ
ゆるっ
コテージ泊
温泉が近くにある
キャンプ場が最高!!
子どもが少し
大きくなったころ
ようやくテントを
購入し
中古のテント
なっちゃん 8才
はるくん 4才
ちょっとレベルアップした
ファミリーキャンプを
目指したのですが……
テントデビューの
夜……
ザァァァ……

テントを支えながら
水びたしのカレーを
水びたしで食べる
早く食べて!!
寒いよ——っ
帰りたい
——という
トラウマ級の
体験をしてしまい
それ以来……
天気が悪い日は
絶対キャンセル!!
近場
希望!!
キレイな
施設!!
はいはいっ
今回は
大丈夫!
とにかく無理をしない
楽なキャンプを
提唱し続けているの
ですが……
夫の
タカが……
そうはいっても
うまいものは
食べたいよね?
キラン
悪気なく
立ちはだかる
のです

第4話 夫のこだわりアウトドア飯
タカの趣味は料理
こうして静かにしている時はだいたい
料理の動画を見ている
お気に入りは「Fire kitchin」「Almazan Kitchin」など海外のアウトドア料理関係
やっぱり……
庭いじりや釣りも大好きなのですが
青魚 カワハギ イカ…ぐらいでOK!!
家庭菜園も野菜づくり
食べられない魚には興味ないんだ
つまり とことん食いしん坊!!

というわけで
キャンプ場の予約が
取れた瞬間から……
メニューは何に
しようかなぁ
これまでのメニューを
データに残している
前回のキャンプは
何にしたっけ?
一度つくりたかった
アレにして
みようかなぁ
え?
そんな
ダンナさんで
うらやましい?
もちろん
ありがたいと
思ってますよ
ただ……
子どもって
フツーのメニューが
好きだったり
するんですっ
やったーー
フツーの
カレーライス
フツーの
おにぎり
市販の
焼き肉のタレ
フツーの
焼き肉
金の味

タカのこだわりはファミリーキャンプには少々荷が重く……
このお肉外国の味がする
きのこづくしのホイル焼き～
きのこ大キライ!!
食べるものない――っ
ハーブやシーズニングで大人の味
ぶ厚すぎてかめない
じゃあ食べなくていいよ
さらっ
日本海沿いをキャンピングカーでめぐった時など
ダッチオーブンで鯛飯
地元の
上出来～♥
が……
のどが――っ
のどが――っ
ぐえっ
ぐえっ
うそっ
鯛の骨!?
病院連れてく!?
酒飲んじゃった
「あわや救急車」という事態にもなりました

そして
食事にこだわる
ということは……
調理道具が
しっかり必要
あれもっこれもっ
コストコで
でかい肉買うぞー!!
事前の
買い出しも
大がかり
到着日は
テントの設営と
夕食の準備で
大忙し
急げー
早くしないと
暗くなるっ
2泊3日の
キャンプから
帰宅すると……
ガラ
ガラ
あ〜
楽しかったし
おいしかったし♥
でも……
疲れた
やっと布団で眠れる…
はあ〜…
キャンプで妙に
疲れてしまう人
私だけではないと
思うのですが……

第5話 勇気を試せ!? 庭デビュー!!
屋内のゆるピクニックに味をしめた私たちは
次は屋外へとステップアップ!
庭にポップアップテント
ポンッ
よ〜しっ
天気もいいし肉でも買いに行ってBBQするか!
キラン
いやいやちょっと待って
ほら
ご近所さんお布団まで干してるっ

住宅街でのBBQは煙やにおいに注意が必要！
トラブルにはなりたくないですもんね
じゃあ何する？
テントも小さいし…
とくに何も……
ただのんびり過ごす
というかのんびり過ごせるか試すというか……
試す？
そう

この場所に本気のテントを張って寝る勇気があるか
今日はそれを試す日ですっ
——と思ったら子どもたちはもうテントのなか
キャハハハ
早っ
ママも来てよー
はいはい

なっちゃん
いちおう聞いとくけど
すぐそこを
お友達が通っても
大丈夫?
え?
そりゃあ
気にはなる
けど……
目が
合わなければ
大丈夫!
サラッ
割り切りの早い
中1女子
……
だねっ
テントの入口を
家側にすれば
問題なし!
むしろ
通る人のほうが
見て見ぬふり
してくれるよね!
それで
いいのか

第6話 合言葉は「欲張らない」

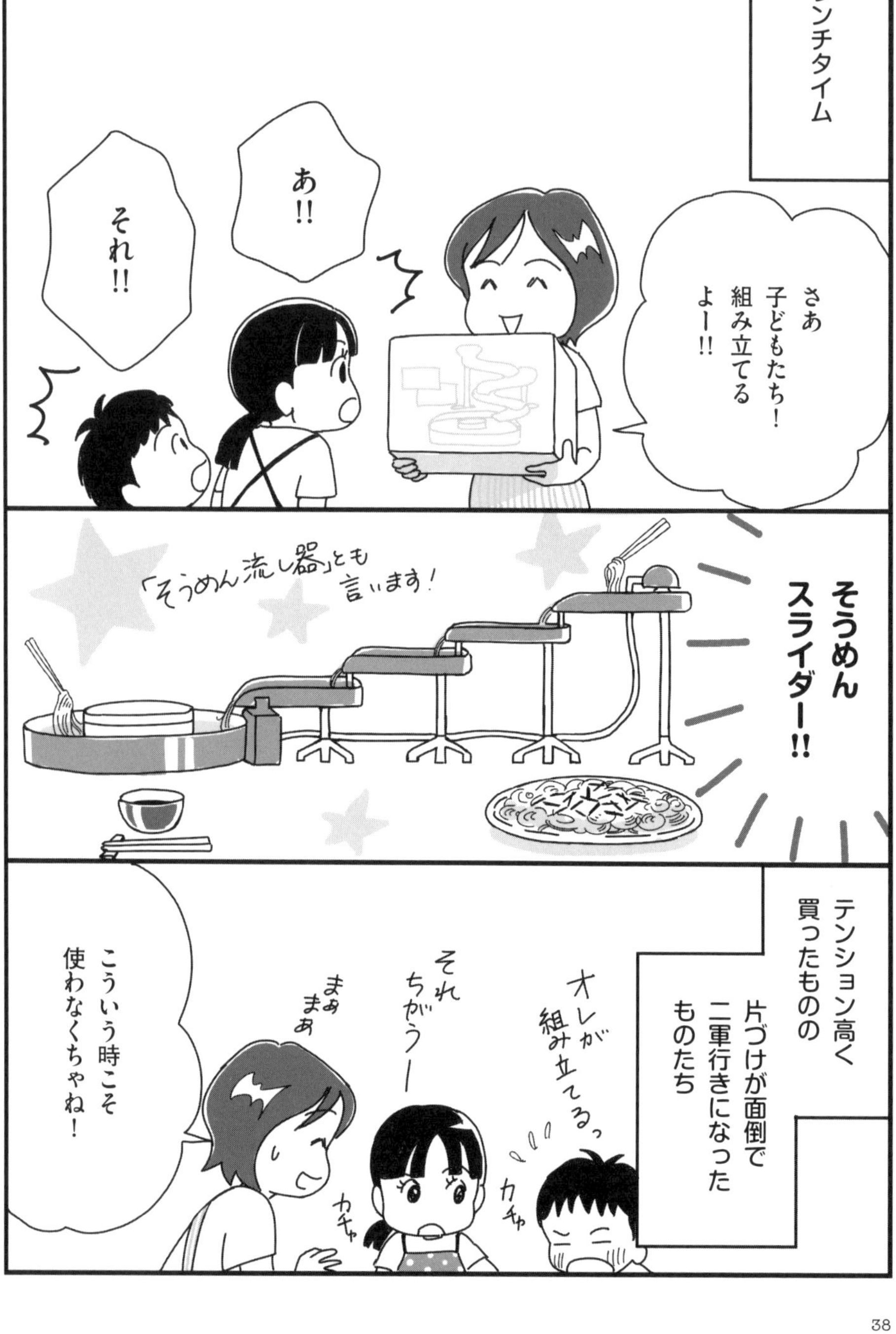

流すよー
いいよー
待って！待って！
お手軽なイベントでも子どもたちは大喜び!!
せっかくなので
そうだ！
ついでに・・あれも流しちゃう？
家庭菜園のプチトマトを収穫！
どうしてもモメるんだな……
オレがとるっ
全部はダメだよっ
そうめんと一緒に流して食べればさらにおいしく感じます

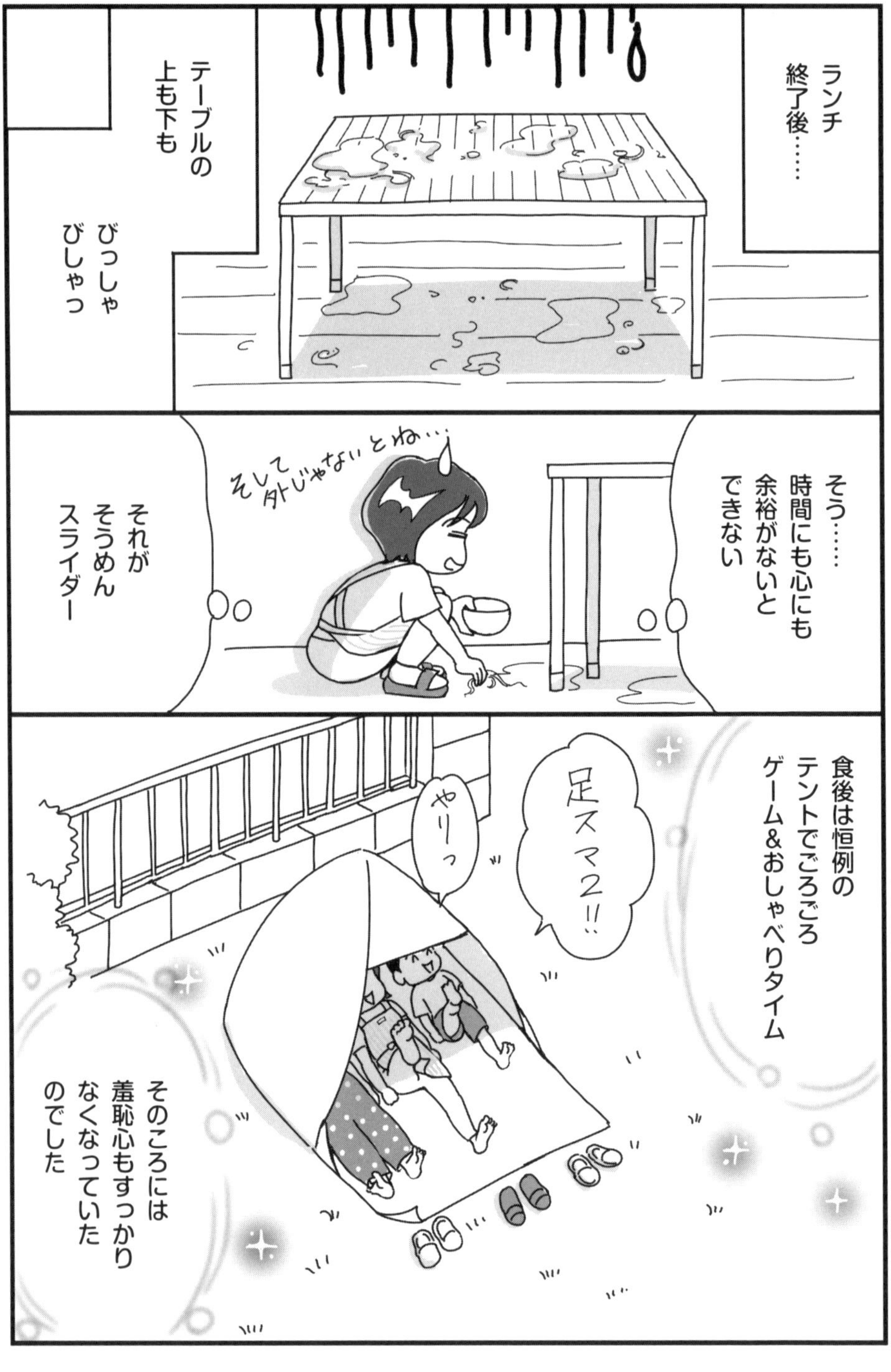

ランチ終了後……
テーブルの上も下も
びっしゃびしゃっ
そう……時間にも心にも余裕がないとできない
そして外じゃないとね…
それがそうめんスライダー
食後は恒例のテントでごろごろゲーム&おしゃべりタイム
足スマ2!!
やりっ
そのころには羞恥心もすっかりなくなっていたのでした

ウッドデッキで読書中
子どもたち寝ちゃった?
うん
テントだとなぜだか昼寝しちゃうね
コーヒーでも煎《い》れようか
ぼ――――…

どう？こういうの
腕をふるう場面がなくて物足りない？
いや　これはこれ
子どもたちが楽しそうでよかったよ
キャンプ場だと「せっかく来たんだから」ってつい欲張っちゃうからね
子どもってこのくらいでも喜ぶんだなって
ホント
家キャンプならまたいつでもやれるし
今日できないことは次にやろうって思えるもんね

そう!!
キラン
だから次は
おいしいものを
つくっちゃおうかなっ
……
というと？
やってみようよ
ここに
大きいテントを
張ってさ
夜のキャンプ!!
ビシーッ

本気のキャンパーたちが「ギア」と呼ぶアウトドア・アイテム
カタログやサイトを見るといろいろあって楽しいですよね
でも本格的なものは必要ないし かさばるものは収納に困るし……

第7話 家でも使おう！ アウトドア・アイテム

そう思いつつも少しずつ増えていったアウトドア・アイテム
今では屋根裏収納の一角を占拠！
キャンプ用品でぎっちり…
失敗したり後悔したものもあるなあ……

いろいろ試してみて思ったのは「とりあえず」と買ったものでも意外と長く使えちゃいます
アウトドア用って頑丈にできてるんで…
だったら最初からちゃんと吟味して気に入ったものを買ってもいいのかも
というわけで
わが家で使用頻度の高いアウトドア・アイテムをご紹介します!
これからキャンプをはじめるみなさんはぜひご参考に!!
トップバッターはまずこれ!!
折りたたみアルミテーブル!
持ち手付き
脚をたたんで2つに折ればOK
使用頻度ナンバーワンの使えるヤツ!!

お花見や
ピクニックなど
お座敷スタイルの
アウトドアには
もちろんのこと
お茶
キャンプでは
熱い鍋をなどを
置いたり
耐熱!
テントのなかでは
携帯や飲み物の
定位置に
おうちでは
サッカー盤などで
遊ぶ時の台として

ビーズクッションで
ごろ寝する時の
サイドテーブルにも

さらにわが家では
泊まりに来た
お客さんの
貴重品置き場に
しちゃってます

丈夫で価格もお手ごろ
かなりコンパクトに畳めるものや
脚を足して高さを変えられるものもあります
ちっちゃ!!
脚を足せば
高くなる!!
定番ですがオススメです!
そしてお次はLEDランタン電池タイプ!!
220ルーメン
わが家のはColeman
単一電池×4
調光機能つきが便利です!!
キャンプでは本気のランタン(ホワイトガソリン使用)が明るさがあっていいのですが
ピカッ
おお…さすが本気っ
LEDランタンはテント内での使用やトイレへの持ち歩きなど子どもでも安全に使用できて便利です

アウトドアグッズ
最近はデザインが素敵なものもたくさんあって
何コレ かわいすぎるっ
欲しーーーっ
帰るよー
アンティーク好きやビンテージ好きにはたまりません♥
わが家では泊まりに来たお客さんのベッドサイドランプとしても出番が多く
非常時の照明としても期待される万能選手！
ホント使えるヤツなんだけどさ
ちょっと古くなってきたし……
正直いうと最近流行のオシャレなものに買い替えたいのよね
インテリアにもなるし……
でも壊れる気配ゼロ……!!
まだまだ現役!!
買い替えはまだ先か……

――と
思っていたら
出会って
しまいました
こ
これは……！
カタログ
レイルロード
ランプ!!
オシャレ
カッコイイにも
ほどがある!!
気泡の入った
ガラス
BAREBONES
充電式
バッテリー
欲しー
スイッチまで
ぬかりなくカワイイ♥
戦前の北米鉄道会社で
使われていたランタンが
モデルらしい
で……
買っちゃったの？
え？
だって……
停電の時にも
役に立つしさっ
飾ってあったら
リビングの
雰囲気もステキに
なるしさっ
たぶん
12年ぐらいは
使うしさっ
アウトドア・アイテムは
勢いで買い替えるのが
正解かも!?

実は買い替えたい
アウトドア・アイテムが
もうひとつ!
カセットコンロ
年々進化する
ゆるキャンプの
必需品です!!
わざわざ炭を
使いたくない
朝食づくりや
ちょっとコーヒーを
飲みたい時に
大活躍!!
もちろん
日常の食事でも
スキヤキ
鍋
非常時の
備えとしても
外せない
アイテム!!

アウトドア用を
うたっている
ものもあり……
これ
風が吹いても
消えにくいんだって
こっちは
ダッチオーブンも
のせられる
耐荷重だって
何これ
オシャレ！
こっちは
めちゃくちゃ
コンパクト!!
お店で思わず
大興奮!!
うん！
買い替えよう!!
キラン
は？
壊れても
いないのに？
出番が多いものだし
テンション上がるじゃんっ
おしゃんなヤツ〜
経済
回してこう！
ねっ
そう言って
つい最近
LEDランタン
買ったよね
買い替えは
もっとちゃんと
吟味しないと
じゃ
じゃあ……

買い替えじゃなく
買い足しは!?
炭なしでBBQ!
↑ガス缶使用
卓上用
ガスバーベキューコンロ!!
ほぉっ
ちょっと興味が出たらしい
友達がSNSで「すごい使える」って投稿してたんだよね〜
炭を使わないでBBQできるし家キャンプにぴったりじゃない?
ほーほー
確かに
まあでも……
わが家は炭でBBQができる環境だし
ありがたくそれを楽しもうよ
サラッ
………
はい……
ぜひみなさんもいろいろ探してみてくださいね!

Column
コラム

まだまだあるよ! 使えるアウトドア・アイテム

スキレット

鉄製の厚みのあるフライパンで
じっくり熱が伝わるため、
おいしく調理できます。見た目もステキ!

サイズも色々
うちでは
アヒージョを
作ったりします!
そのまま食卓に出してもオシャレです

ヘッドライト

その名のとおり頭に装着するライト。
両手が自由に使えるので、キャンプや
暗い場所での作業にぴったり。
防災用品としても必需品!

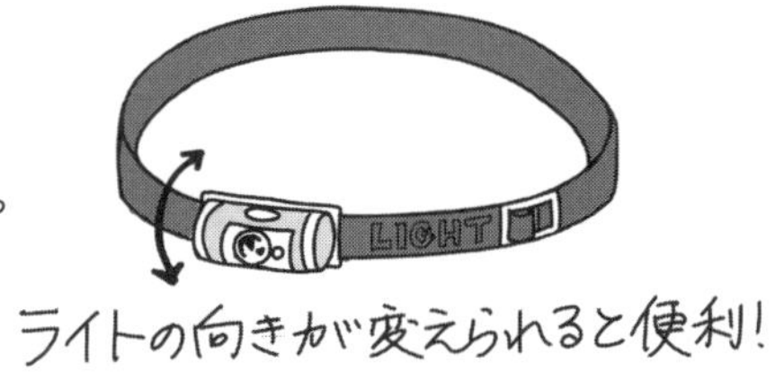
LIGHT
ライトの向きが変えられると便利!

ウォータータンク(キャスターつき)

炊事場が遠いキャンプ場などで大活躍!
「ちょっと手を洗いたい」ことってありますよね。
普段は災害用に水を備蓄して一石二鳥!

立てると水道のように
使えます!

キャスターがしっかりした
ものが良いですよ!

天気にめぐまれた
とある連休
いよいよ
その時が来ました
さあ
キラン
庭にテントを
張るぞ!!
第8話 快適なキャンプでいいですか？
20分後
ど〜んっ
かなりの
圧迫感だけど
なんとか
張れたね
↖庭のスペースギリギリ!
設営完了！

イェーイ!!
テント! テント!!
おー…
待て待て!
まだ入らないで!!
ここで
登場するのが
エアーベッド!
電池式の
空気入れ
コンパクトに
折りたためます
空気を
入れると
これをテントのなかに
ふたつ敷くとピッタリ!
もう
いいんじゃない?

さらにクッションを持ち込んで
あ〜〜〜！最高だね〜!!
ごろごろ…
寝る時はこの上にシュラフで寝るんだよ
それにしてもこれはちょっと快適すぎるね
「快適なキャンプ」ってなんか矛盾してると思うのは私だけ？
そもそもキャンプというのは
よくも悪くも現代社会から距離を置く行為
いろいろ気づかされるな……
不便や不快をあまり取り除いては意味がない？

それを言い出したら
ナオコがやりたがってた
グランピングなんて
どうなるの？
清潔な部屋に
ふかふかベッド
お金を払えば
なんでもやって
くれちゃうなんて
矛盾どころの
話じゃないじゃん
確かにね
でも
なんでだろうな
グランピングには
そういうモヤモヤは
感じないんだよね
モヤモヤした
記憶といえば
数年前
のこと……
ジュー
ジュー
おー…
今ごろ
来たか……
隣のテントサイトに
日没直前に現れた
ファミリーが

カッコいい
テントやキッチンを
テキパキ組み立て
最後の
仕上げに
大きな時計を
かけたのでした
ビシッ
時計!?
しかも
あんな大きな!?
ここで1週間くらい
過ごすの?
だったら
分かる気も
するけど…
しかし
翌日早々に
ブォー…
去っていきました
一泊!?

うまく言えないんだけどさ
時計まであったらキャンプの非日常感が薄れちゃう気がするんだよね
家にいるみたいに便利で快適じゃないから「キャンプ」なわけで……
だったらこのエアベッドもやめとく？
キャンプ感出すために
それはやめない
だってここは本当に家だから
お庭キャンプは便利&快適で問題なし!!
あたし暑いから家のなかに戻るー
オレもー
ママもー
こんな感じでゆる～いお庭キャンプのスタートです!!

第9話 あえて不便に挑戦しよう!?

——と言いたいところだけどその前に……
うししっ
普段は当たり前に省《はぶ》いてしまう・・・・あの作業をやってみない？
あの作業？
一度はやってみたかった!!
火打ち金
火打ち石
チャークロス
麻紐
火起こしセット購入!
火打ち石での火起こし!!

………
………
やる！オレやる!!
何でもやりたがる人→
だよねーっ
で そっちのふたりの反応は何？
火を生み出すってすごいことなんだよ!?
ドンドコドン
人類が人類たる所以《ゆえん》なの!!
火のありがたみを知ることだってキャンプの醍醐味《だいごみ》だと思わない!?
ま…
まぁとにかくやってみようよ
好きだねぇ…
時間がかかりそうだし……
フッ
私をナメてもらっちゃ困るねぇ
チッチッ
こう見えて火起こし経験者だよ

何を隠そう私ナオコは大学で考古学を専攻していまして
うおーっ
ぎゅん
ぎゅん
弓切り式
実習で火起こしを経験済み！
でも火打ち石は初めてなんだよね
それが何か？
い…
いいから早くやろう
ごはん作る時間が…
よし！がんばるぞ!!
まず麻紐《ひも》を細い繊維にほぐして鳥の巣状にして……
ほぐした麻紐
火打ち石の端にチャークロスを当てて持ち……
火打ち石
チャークロス
火打ち金

火打ち金で
チャークロスに接する
石の部分を……
打つ
カン
打つっ
カン
打つ！
カン
打つ!!
カン
…………
し…ん
オレに
やらせて!!
オレ!!
オレ!!
はいはい
やってごらん
20分経過
カン
カン
カン
カン
カン
どぉ？
できそう？
家に戻っている長女
いつの間にか
庭の手入れをしている夫
ひっ
火花は
出ましたっ
カン
カン
カン
カン
この日は
そこで
タイムアップ

しかし後日リベンジ！
絶対火をつけようねママ!!
グッ
おうっ
ガンバロウ息子!!
動画を参考にチャークロスを大きく切って鳥の巣状にした麻紐の中央に置いて
カン
カン
そこに火の粉を落とす……
カン
落ちた!!
吹いて!!
フーッ
フーッ
その調子!!麻紐に火がつけば……
ボッ
おーー!!
ついた!!
あとは紙に火を移して……
※火の取り扱いにはくれぐれもご注意ください！

どぉ?
ついた?
イエ〜イ!!
オレとママでつけたんだぜっ
蚊取り線香
へ——すごいじゃん!
いや〜……コツがいろいろあるみたいだけど……
とりあえず昔の人の苦労が分かったんじゃない?
え?
簡単すぎてびっくりした
5時間くらいかかると思ってたから
何はともあれおもしろい体験になりました
そ…そう?
5時間はママいやだわ〜…

Column
コラム

一度はやってみたかった!? なんちゃって火起こし体験

火打ち石よりずっとお手軽なメタルマッチ。
価格もお手ごろなので試す価値あり!

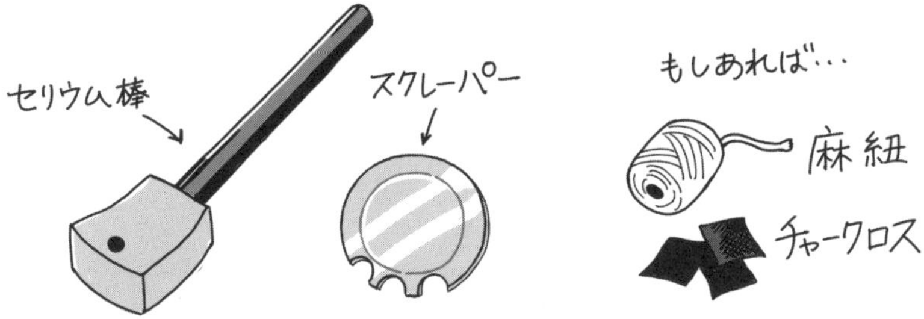

①セリウム棒をスクレーパーやナイフで削って
その粉を集める
②枯葉などの上に粉を置く
③スクレーパーでセリウム棒をこすって
火花をおこし着火させる

わが家ではほぐした麻紐に
チャークロスを置いてやってみました。
思ったより簡単でびっくり!

ただし、一度麻紐に火が移ると
一瞬で燃え上がったり
風で燃え広がったりと
危険を感じました。
くれぐれもご注意を!

第10話 BBQスタート！

※詳しい使用方法は説明書を良くご確認ください
使い方は簡単！
なかにたっぷり炭を入れ
豆炭がおススメ
くしゃっと丸めた新聞紙を下から入れて火をつけます
下のほうの炭に火がついたら安全な場所でしばらく待つだけ！
ちなみに……どうしても煙はNGなら
「無煙炭火BBQコンロ」という便利なものもありますよ
煙はほぼなし
着火しやすい
ちゃんと炭使用
焼き網
外側が熱くならない
電池で動くファン内蔵
ロータスグリル など
わが家もいずれ試したい!!
エントツ効果で炭に火が行きわたったらコンロに移します！
ザザ…
しばらく待てばお肉が焼ける十分な火力になりますが……

わが家はまず
ホイル焼き系から
スタート!!
じゃがいもの
ホイル包み
ナスの
ホイル焼き
火力が上がるまで
ただ待つのはもったいない!!
旬の野菜や
魚介類を
包んで焼くだけの
ホイル焼き
ホイル焼き
わが家の定番食材!!
じゃがいも
(新じゃが最高!)
ナス
煙やにおいが
出にくく
エビ
プチトマト
スルメイカ
etc...
前菜にも
おつまみにもなる
優れものです♥

ホイル焼きがちょうど食べごろになったころ……
じゅ〜…
さぁ はじめるよー
は〜い
やったー!!
今夜のメニューは BBQ カレーライス サラダetc……
Beer
好きなものを召し上がれ！

子どもたち
どう？
牛タン
もう少し食べない？
食べた〜い!!
オレいらない！
カレーのおかわり
してくる!!
目の前にテント
この味
このにおい
この笑顔……
ちゃんと
「キャンプの夕食」に
なりました

Column
コラム

わが家の定番! ホイル焼きレシピベスト3

大人も子どもも結局
これが一番好き!?

第1位 新じゃがのホイル包み

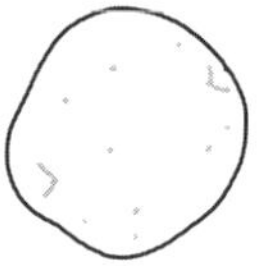

新じゃがを
皮ごとよく洗う

ホイルに包んで
網の上に置き
ときどき転がす

SALT

火が通ってやわらかくなったら
バター と塩で召し上がれ!

第2位 ナスのホイル焼き

ナスをよく洗い
ピーラーでしましまに
皮をむき輪切りにする

SALT
ゴマ

塩とごま油で
全体に下味を
つけたら
ホイルに包んで
焼く

5分ぐらいで
様子を見てね!

ナスがとろとろになったら
召し上がれ!

第3位 鶏肉とプチトマトのホイル焼き

バジル

小さめに切った鶏モモ肉と
半分に切ったプチトマトを
市販のバジルソースで和える

ホイルに包んで焼く

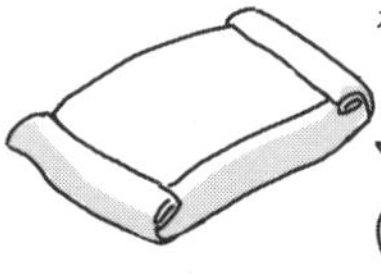
5分ぐらいで
様子を見てね!

鶏肉に火が通ったら
召し上がれ!

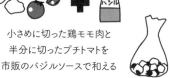

ごちそうさま～!!
さすがにちょっと暗くなってきたね
カシュ
カシュ
オイルランタンつけようか
第11話 ゆるプチ大人時間
う～ん
この灯《あか》りを見るとますますキャンプって感じがしてくるね
子どもたちが満腹になったら
ここからは大人の時間
さ～て白ワインを開けて……

カキ♥
ジュー……
私はカキは遠慮します
苦手…
どうぞどうぞ♥
ご心配なく
俺がひとりで堪能するよ
コストコの冷凍カキは本当にうまいんだけどね～
キャンプに持っていくのは難しいんだよね
自分しか食べないし
焼く直前まで冷凍状態を保たないといけないし……

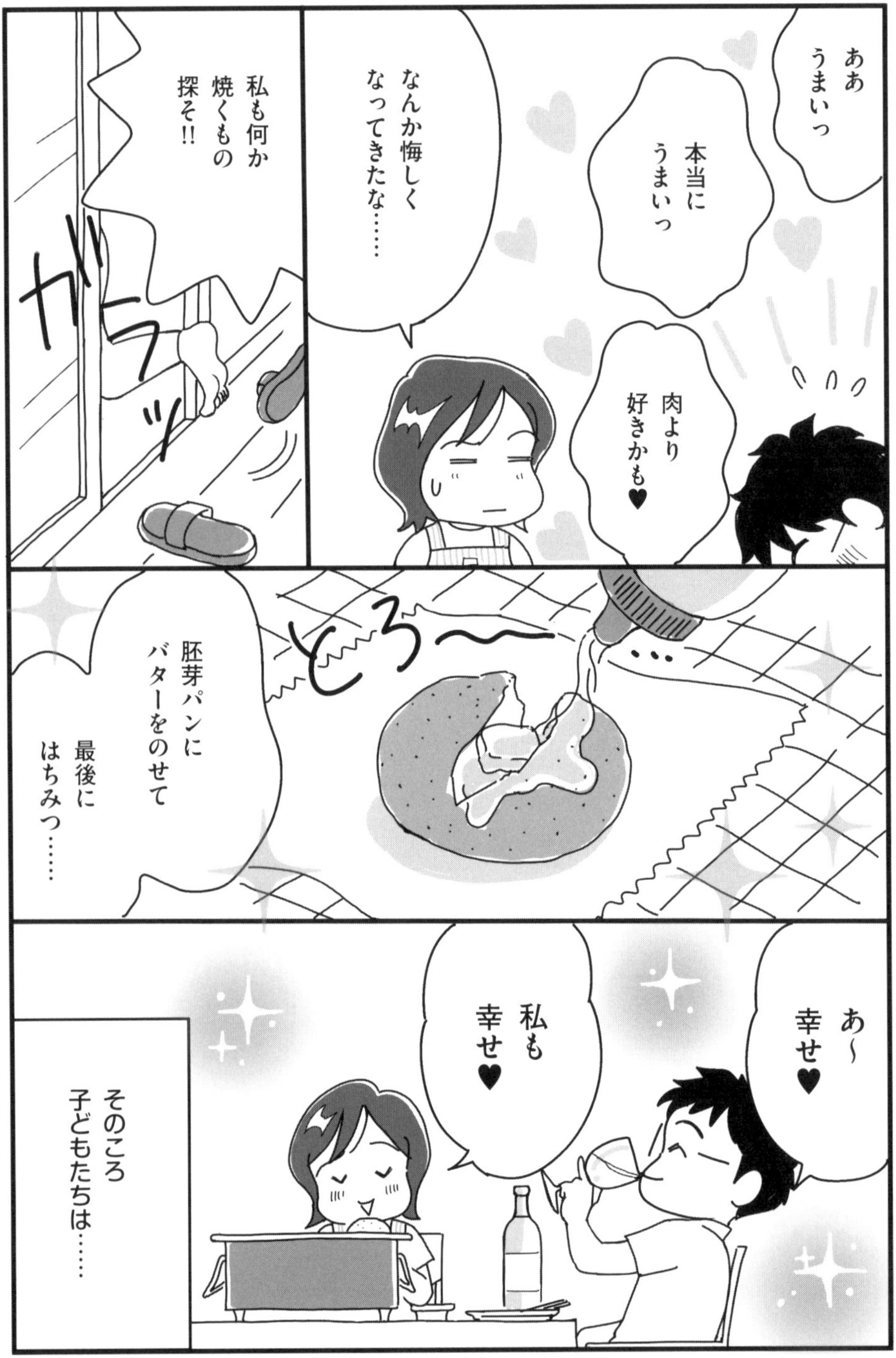
ああ
うまいっ
本当に
うまいっ
肉より
好きかも♥
なんか悔しく
なってきたな……
私も何か
焼くもの
探そ!!
ガラッ
胚芽パンに
バターをのせて
最後に
はちみつ……
とろ～～
…
あ～
幸せ♥
私も
幸せ♥
そのころ
子どもたちは……

キャハハハ
その顔!!
テントのなかで何やら盛り上がっていました
ねぇ ママも来て～
すごい おもしろい写真が撮れたから！
今は行きませ～ん
パンとワインをお楽しみ中～
ちぇっ
子どもは子ども
大人は大人で楽しめる
じゃぁ あとで来てね～
は～い
それがお庭キャンプのいいところ

第12話 本音で話そう子連れキャンプ

そう!!
ファミリーキャンプの原動力にはこの「今だけ感」があったりします
アウトドアを無邪気に楽しんでくれるのはきっと今だけ
冷た〜い
魚!!
魚!!
撮るよー
家族全員で来られるのもきっと今だけ
うかうかしていると
夏休み?
あたし塾と部活
え―――っ
上の子の年齢でタイムアップ
だよね……

もちろん
それはキャンプに
限らず
なっちゃんが
小学生のうちに
長い旅行がしたい
なあ……
あと2年…
小学生の親はこんな
カウントダウンを
しているもので……
わが家も
一昨年
なっちゃんの
卒業も近いし
久しぶりに
海外でも行く？
そうしたいけど
時差とかあると
大変なんだよね
はるくんの
「眠い～」
「疲れた～」を
あやすのがちょっと……
じゃあ
どうする？
無理せず
国内でいいよ
東北なんて
いいんじゃ
ない？

キャンピングカーをレンタルしてさ!!
ブーーー…
やったーーー!!
4泊5日
東北の旅
目指すは青森
三内丸山遺跡！
私の趣味♥
三内丸山遺跡、
3泊目
青森
星野リゾート
十和田湖
2泊目
秋田県
なまはげキャンプ場
4泊目
宮城県
長者原SA
1泊目
新潟県
柔りキャンプ場
スタート&ゴール
田
日本海で
釣りを楽しみ
行く先々の
美味しいものを
食べる
それはそれは
充実した旅

本当にいい思い出になりました
日本はどこも安全で仮眠する場所もたくさんあるし……
ただですね……
きっちり疲れました
安眠できなかったのが一番の理由だと思うのですが……
狭い……
暑い……
運転席上のベッド
苦しい……
落ちる……
荷物が多いのでその管理や出し入れもひと苦労
子どもの着がえ
ココ
キャンプ用品
タオル日用品
食料
ああ…子どもの着替えがあんなに奥に……

青森で
星野リゾートに一泊し
息を吹き返しましたが
フカフカの布団で死んだように眠る…
「今だけ」の
総仕上げは
なかなかハードな
体験でした
さて
なっちゃん
はるくん！
ガタン
そろそろ
スモアやる？
やる――――!!
「今だけ」じゃなく
「いつでもできる」
お庭キャンプなら
まだしばらく
家族みんなで
楽しめるかな？

「スモア」とは
アメリカの伝統的な
デザート
火であぶる
クラッカー
チョコレート
焼いたマシュマロ
第13話 お庭キャンプの夜は更ける
キャンプファイヤーでつくるのが定番のようですが……
とにかく甘いっ
あっまーーー……
アメリカ人にとってはその甘さこそが醍醐味のようで……
どんっ
コストコで見つけた大きなマシュマロでやってみたのですが1個食べるのもキツかったです
最終的にわが家でたどり着いたレシピはこちら!!
ハーベスト セサミ味
ハーベスト
普通サイズのマシュマロ
ホワイト
板チョコ（ビター系）
meije

はいはいっ
ハーベストに
チョコをのせて～
は～い
竹串に
マシュマロを
刺して……
炭火であぶって
なかがやわらかく
なったらOK！
近づけすぎて
焦がさないでね
できたら
用意しておいた
ハーベスト+チョコの
上にのせて
もう1枚の
ハーベストで
上から押さえて
串を抜く！
マシュマロの
熱でチョコが溶ける

やっぱり
この組み合わせは
おいしいねー！
板チョコと
マシュマロが
とろとろ♥
オレ
パパの分つくるっ
日本人には
このぐらいが
ちょうどいいね
スモアを食べたら
定番の花火！
パパはすでに
酔っぱらってます
その後
いつもどおりに
お風呂に入り
テレビで
ニュースを
チェックして
寝る準備
完了!!

ふぁ〜〜〜あ……
こうしていると本当に錯覚しちゃうけど
ここ庭なんだよね
wi-fiつながるっていいね
それ!?

わっ
ここすげえっ
マジのテント
張ってる!!
パタパタパタパタ
パタパタパタパタ……
通行人2人(?)の足音
すげーなー
やるなー
しー…
パタパタパタ…
まさかテントのなかで
人が寝てるなんて
思わなかったのかな
だろうね

こうやって……
このテントで寝るのは何回目かなあ
う～ん
最初があの嵐の時で……
あたし覚えてる!! 風の音がすごい怖かったの!!
でも夜は晴れて星がキレイだったよね
タブレットに写真があったはず……
わ――っ あたし小さい!!
はるくん ぷくぷく
もっと小さいころの写真もあるよ

幸せな記憶をたどりつつ
わーすごい…
クスクス…
夜は更けていきました
そして明け方
さっ
寒っ
私のシュラフだけ25年前に買った安物なんだよね
はくしょんっ
お庭キャンプでもシュラフの性能は大事みたいです

Column
コラム

子連れにぴったり!? ゆるキャンプにはこのシュラフ!

くっつき合って眠れるのも期間限定。
アレンジも効く有能シュラフで楽しい夜を!

子どもと一緒に寝るなら
「**封筒型**」がオススメ!

なんか安心…
←こちらは「マミー型」

価格もピンキリ!
ファスナーがぐるりとめぐっていて
敷布団と掛布団に分離します

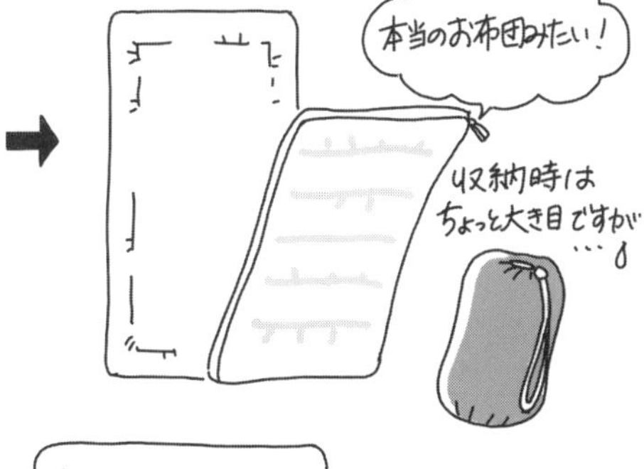
本当のお布団みたい!
収納時は
ちょっと大き目ですが
…♪

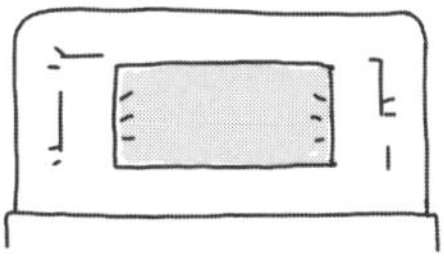

枕つきもあり!

生地もシャカシャカしていない
お布団のような起毛素材がありますよ!

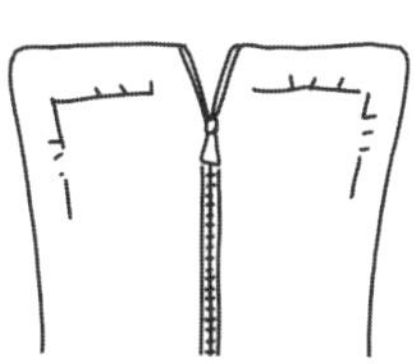

ファスナーでさらに
分離できるタイプも!

ぜひ、いろいろ調べて
みてくださいね!

朝食は
ウッドデッキで
パンケーキ
ホットプレートで
焼きました
milk
第14話 今夜も……？
大人は煎れたて
コーヒーも
これが
なくちゃねっ
さて
お片づけ
はじめようか

え――――!!
ヤダヤダ!!
もう一回泊まる!!
だからテントは
片づけないで!!
どんっ
どんっ
え……
うーん
今日はママ
夕方まで
忙しいし
明け方
意外と
寒いしさ
寒く
なかった!!
オレもう一回
泊まりたい!!
なっちゃんは
どうする?
あたし?
気まぐれ中1女子
夜になったら
考える

じゃあ
とりあえずテントは
そのままにして
また夜に
考えようか
イエーーイ!!
これができるのが
お庭キャンプの
いいところ!
そして
夜……
ジャーン!!
ダッチオーブンで
簡単ラザニア!!

すごいじゃん!!
これ好き――♥
とろけるチーズ♥
とろ
俺は時間があったから久しぶりにダッチオーブンでつくってみたんだ
「ダッチオーブン」とは鋳鉄製の重～い鍋 見た目もカッコいいしアウトドアでも大活躍！
蒸し物
パン
煮物
鳥の丸焼き
デザート
ローストビーフ
直火OK！
フタの上に炭を置いて上からも加熱できます！
ただ重さもあるし手入れも必要だしだんだん使わなくなるご家庭も多いとか……

わが家のダッチオーブンは
タカが独身時代に
キャンプ用に購入した
15年選手!!
できたよ～
昔から料理好き
鳥肉料理とか
ホントおいしく
できるんですが…
どんっ
結婚後は日常使いも
していましたが
最近はやっぱり出番が
減っていました
だから
久しぶりに
使ってみたくなって
家だったら
持ち運びも
考えなくていいし
使ったあとの
お手入れも
しやすいしね
思いがけない
ごちそうを
食卓で堪能♥
オレこれ
超好き!!
口閉じてっ
外にテントを
張っていることなど
すっかり忘れて
夜が更けていく……
――かと
思ったら!!
Beer

じゃあ
ママ！
テント行こう!!
おふろも入ったよっ
あれ…？
あきらめて
なかった？
なんでイヤなの!?
テントでもう一回
寝ようよ!!
イヤなわけじゃ
ないんだよ
ママのシュラフだけ
古くて寒いから……
なんでそんなの
使ってるの？
え？
それは……

第15話 バックパッカー時代の思い出
何を隠そう私ナオコは
もう25年も前ですが
大学を出たばかり
バックパッカーをしていました
BACK PACKER
「バックパッカーって何？」というヤングなみなさまは検索してみてください
なつかしい…
お笑い芸人の有吉弘行さんを見ると「白い雲のように」のメロディーが浮かぶみなさんはよ～くご存知ですね？
「自分探し」という言葉が世の中にもう少し温かく受け入れられていたころ……
NZでワーキングホリデー
8ヶ月
4ヶ月かけて北島・南島をひとり旅
ネルソンでホームステイ英語の勉強アルバイト
大きなリュックにシュラフをくくりつけニュージーランドをひとりで旅して回りました
よしっ
地球の歩き方

テントに泊まってたの?
まさかっ
ユースホステルっていう安宿をよく利用していて
そこはベッドの上にシュラフを敷いて寝なきゃいけないルールだったの
シュラフ
だから性能より安さ重視で買っちゃったのよね
思い出の品だしなかなか処分もできなくて……
ニュージーランドかぁいいなぁ……
どこにあるの?
南半球だよ
飛行機で11時間ぐらい

ニュージーランドは
自然がいっぱいの
美しい国
国立公園が
たくさんあって
キャンプはもちろん
トレッキング
カヤッキング
乗馬に釣り……
アウトドア好きなら
一度は訪れたい自然大国!!
私もいろいろ
挑戦したな～……
ラグビーチームに入って
ラグビーもやっちゃった♥
タッチラグビー
だけど…
RUGBY
ラグビー!?
ママ
無敵!!
遊びよ
遊び!!

でもやっぱりトレッキングが一番有名かもね
森や海岸にはだいたいトレッキングのコースがあってね
ハア
ハア
静か〜!
Root
人口が少ないせいか行きも帰りも誰にも会わないなんてこともあったりしてさ……
長距離バスで移動して
各地のユースホステルに泊まって
そこのキッチンで自炊して
ひとりで食べて
寝て……
行く先々でアクティビティやトレッキングをして
ハア
ハア
ハア
25年前の私はそんな日々を満喫していたのですが……

ある時から
はぁ…
やっと頂上
どんなに美しい景色を見ても
何も感じなくなったのです
さあ戻るか
くるっ
ひとけのない美しいビーチを見ても
ザザ…
ネオンに邪魔されない澄んだ星空を見ても

なんか
違う……
ゴー…
え!?
それで帰って
きちゃったの?
?
8ヵ月も
いたしね
それに
大事なことに
気づいたから

がんばっている
日常があるから
非日常が楽しいんだ
キレイなものも
毎日見ていたら
感動が薄れちゃうんだ
……って
当たり前のこと
なんだけどね
それと
もうひとつ……
「楽しいね」とか
「キレイだね」って
言い合える人が
自分には
必要なんだって
分かったの……
!
だったら今日も一緒に
テントで寝ようよ～!!
ひとりで寝るのつまんないよっ
え……っ
そう
来たか
じゃ
じゃあ その話は
またあとにして
ちょっとおもしろい
ことしない?
―と
話をそらす

Column
コラム

家でも使おう! ダッチオーブンで簡単ラザニア

10インチのダッチオーブンを使って
ちょっぴり特別感のあるお料理を!

材料

〈A〉
- ひき肉(牛・豚合い挽き)……500g
- ニンジン……1本
- タマネギ……1個
- マッシュルーム……2〜3個
- ニンニク……1片

- 市販のホワイトソース……1缶
- 市販のトマトソース……1缶
- とろけるチーズ
- 下ゆでのいらないラザニアシート
- 水

①〈A〉をすべて
みじん切りにして炒める
(タマネギはじっくりと!)

②トマトソースと水を入れて煮込む
(水分は多めのほうがいい)

③でき上がったソースの3/4を
別の器に取り、
ダッチオーブンに残した
ソースの上に
ラザニアシートを敷き詰める

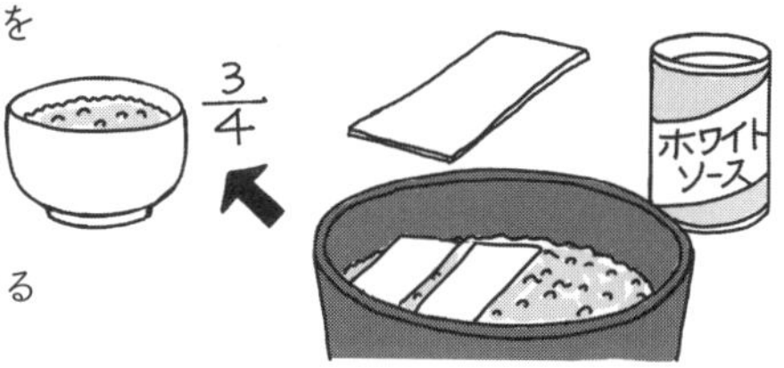

④ラザニアシート、ホワイトソース、
トマトソースの順で
3回ほど繰り返し、
最後にとろけるチーズをのせて
フタをして火にかける。
チーズが溶けたら完成!

第16話 幸せな星空

プラネタリウムを!?
自分でつくるの!?
家庭用プラネタリウムが欲しいなーと思って調べていたんだけど
ほうほう
そうしたら自作している人がいて……
仕組みはだいたい分かったから
一緒につくってみない?
簡単そうだよ
ホイル
やるやるー!
イエ～イ!!
早速プラネタリウムづくりのスタートです!

まず
アルミホイルを
長めに切って
楊枝《ようじ》や
マチ針で
穴を開ける
トン
トン
トン
この穴が星に
なるからね
わっ
大きい穴に
なっちゃった
も〜っ
ちゃんと
やれよ——っ
じゃあセロハン
貼っちゃお
ねえ
天の川
つくろうよ!!
いいよ!!
工作が大好きな
子どもたちは
自分たちで
いろいろ工夫したり
試行錯誤して……

パパ――!!
ママ――!!
すごいのが
できたよ!!
よっしゃ
というわけで
寝る支度をして
みんなでテントへ
オッケー
それじゃぁ
はじめます!!

ケータイふたつの
ライトをつけて
ゴミ箱のなかに
×の字で入れて
ゴミ箱のなか
キレイ?
その上に
穴を開けた
アルミホイルを
かぶせると
お
!?
おっ

お――――!!

きれい きれい!!
すご〜い
あの青い星 分かる!?
セロハンで 色をつけたの!!
へー
いいねえ
あと こうやって 回すと……
オレが 回す!!
はいはい
アルミホイルを回している
なんと星が ふたつのグループ に分かれて動き
すごいっ
ね!! ね!!
奥行きのある 宇宙空間が 現れたのでした

そりゃあ 本物の星空には かなわないけど
ちょっとの工夫で いろいろとできる ものだね～
そういう楽しみが 家キャンプには あるよね
あれ！ オレがつくった 天の川!!
おー!! すごいっ
みんなで見上げる 手づくりの星空は
なんとも 幸せな 星空でした

Column
コラム

子どもとつくろう! 超簡単プラネタリウム

手づくりプラネタリウムで
テントのなかを癒しの空間に!

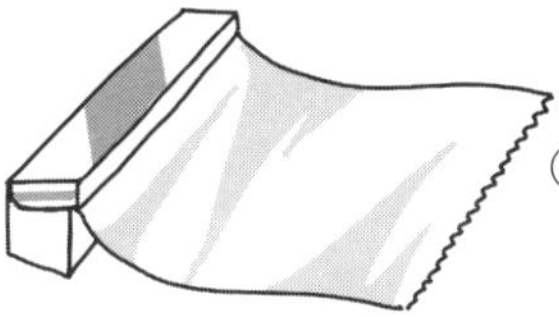

①幅の広いアルミホイルを
逆さにしたザルにかぶせます

作業しやすいです!

②マチ針や楊枝《ようじ》を使って
穴をたくさん開けます
(針を使う時はくれぐれもご注意ください)

ホイルを回転させたり
色々試してみてネ!

③ゴミ箱のような形状の箱に
ライトをつけた携帯電話を
1~2台入れます
(2台入れる時はクロスさせます)
④穴を開けたホイルをかぶせて完成!

プラネタリウムのはずが
最後は手影絵遊びになっちゃったり……
それもまた楽しいですよね!

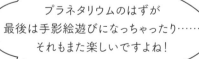

エピローグ

すー…
すー…
そー…
あれ?
やっぱり家で寝るの?
カゼひいたら困るしね
とにかくこのシュラフは買い替えないと……
でも使う機会は減りそうだね
家族キャンプもそろそろ卒業じゃない?

私もそう 思ってたけど……
はるくんが ノリノリなうちは お庭キャンプぐらいは やってあげたいな
まだ 小学生だし
確かに……
それにお庭キャンプなら 塾や部活で忙しい なっちゃんでも 一緒にやれるしね
ゴンッ
まぁ 反抗期に なるまでかも しれないけどね
何? それは暗に シュラフは 買っちゃダメって 言ってるの?
いやいや それは 被害妄想
ナオコの言うとおり いろいろな理由で しばらくキャンプに 行けなくなっても
また きっと 行けるだろうし

これまでみたいに意気込んで行くキャンプじゃなくてもいいんだよね
その時その時でいろいろアレンジしてリフレッシュできたらそれが一番!!
うん
しっかり準備してヘトヘトになるまで遊ぶのもいいけど
自由で気ままで楽なのも最高♥
それじゃあ私は家の布団で寝ま～す
あとよろしくー
おやすみー…

翌朝
チュン
チュン
ママ――!?
なんで一緒に寝なかったのー!?
ずるぃ――っ
いつ家に戻ったの?
すいませ~ん
またやろう!
絶対やろう!!
家にいながらちょっとしたアイデアでリフレッシュ!!
みんなの笑顔があれば幸せ♥
来週やれる!?
え!? 来週!?
それはちょっと…
みなさんもぜひ家キャンプをお試しください!

あとがき

この本の企画が持ち上がったのは２０２０年の春。コロナ禍の真只中でした。わが家はまさに家キャンプをした直後でタイミングのよさにびっくり！けれど、夏に向かって世の中が落ち着き始めると制作はいったん保留になり、「それはそれでよかったな」と思っていたのですが……。

その後しばらく私のなかで家キャンプが引っかかっていました。

本書の中でも触れましたが、実際に体験してみて、家キャンプは手軽で快適で安全で、誰もが楽しめる魅力的なレジャーになり得ると思ったからです。

小さな子どものいる家庭では単純に「キャンプごっこ」として楽しめるし、レジャーの予定が雨で中止になった場合、その代替になります。本格派キャンパーにとってはゆったりとアウトドアグッズを試したり、メンテナンスをする機会になりますし、キャンプ初心者にとっては道具の使い方や必要なアイテムのチェックができて、キャンプ場でのシミュレーションにもなります。そして何より、「日常をアウトドア化する」という発想そのものが、多忙でストレスの多いこの時代にぴったりだと感じたのです。

コロナ禍がきっかけで持ち上がった企画ですが、そうした視点も加えて描いてみてはどうかということになり、その後制作は再開されました。

ただ心配なこともありました。それは家キャンプをする際のルールやモラルについてです。テレビでベランピングの特集をしていた時、コーナーの最後にアナウンサーが注意事項を長々と説明していて、「この本もそんな注釈をたくさん入れなければならないのかな……」と、なんともいえない気持ちになりました。

当たり前のことですが、家キャンプは住環境によってやれることが限られます。たとえ広い庭があっても家のなかでするほうがいい場合もあるでしょう。そこは、みなさまで判断していただくほかありません。

だからといって家キャンプは窮屈なのかといえば、キャンプ場にだってルールはありますし、管理されていない自然のなかではよりモラルが問われます。ですから、アイデアと工夫でそれぞれのスタイルをつくりあげてもらえたらいいのかなと思います。

大がかりな準備は必要なし！　雪でも嵐でも大丈夫！

みなさまも、週末には気ままな家キャンプをお試しいただけたらと思います。

最後に、本書の制作を後押ししてくださったエイアンドエフの赤津孝夫さんをはじめとする関係者のみなさま、企画からずっと支えていただいたCLAPの武田淳平さん、この本の制作に関わっていただいたすべての方に、心より感謝申し上げます。

2021年　4月　尚桜子《なおこ》

尚桜子

神奈川県生まれ。別冊マーガレットでデビュー。モーニング「ちばてつや賞」入選。「スーパージャンプ」（集英社）、「モーニング」（講談社）、「たまごクラブ」「ひよこクラブ」（ベネッセ）等に寄稿。「熱中！ソフトテニス部」（ベースボール・マガジン社）にて「颯太のテニス日記」連載。本格的ストーリーマンガのほか、自身の妊娠・出産・マイホームづくりなどを赤裸々に描いたエッセイマンガが人気。電子書籍『颯太のテニス日記（全2巻）』『助産師さん呼びましょうか？（全5巻）』『お産トラウマは怖くない！』『わが家は今日も建築中！（全5巻）』など。

A&F

家キャンプはじめました。

まずは手軽・快適・安全なアウトドア体験から！

2021年 4月 5日　第１刷発行

著者
尚桜子

発行者
赤津孝夫

発行所
株式会社 エイアンドエフ
〒160-0022
東京都新宿区新宿6丁目27番地56号　新宿スクエア
出版部 電話 03-4578-8885

編集
武田淳平

装幀
芦澤泰偉＋五十嵐 徹（芦澤泰偉事務所）

印刷・製本
株式会社シナノパブリッシングプレス

Published by A&F Corporation
Printed in Japan
ISBN978-4-909355-23-2 C0075